BuddhAll

BuddhAll.

All is Buddha.

BuddhAll

漢傳佛教與人類未來

Chinese Buddhism and the Future of Humanity

釋淨耀、洪啟嵩　著

目錄

出版緣起

吹響漢傳佛教中興的號角

在《法華經》方便品中說，佛陀以一大事因緣出現於世間，只為令眾生「開、示、悟、入」佛之知見。佛陀的教法流轉於人間的時空長河，其中漢傳佛教在佛法的傳播史上，有著殊勝的貢獻，具有最完整的法性傳承與文字般若。並在唐代對佛法的會悟闡新，盛興於世。雖然在當代，漢傳佛教有所衰頹，但是六祖惠能所開啟的南宗傳承，在現代世界依然傳持不斷，前期如有世界禪者之稱的日本鈴木大拙禪師及近時越南的一行禪師，二位大師皆是出於南宗臨濟禪門，對世界上皆有著重要的影響。

緣此，中國佛教會學術委員會，特別於覺時代系列講座中，企劃「漢傳佛教與人類未來」主題，由中國佛教會理事長淨耀大和尚，與中國佛教會學術委員會主委洪啟嵩禪師，進行歷史性的對談，揭示漢傳佛教直承佛陀於菩提樹下成證大覺的本心，擁有最悠久歷史的傳承。在修證上，歷代祖師同入大智法海，並開創出中華禪宗，以自由開放、平等覺悟的精神，八宗共弘。在義理上，漢傳佛教所積累的經論文本，更是世界之最，為後人留下了珍貴的般若法藏。

本次對談雖然只有短短二小時，內容卻十分精要且深入淺出，使讀者能提綱挈領掌握漢傳、南傳、藏傳等三系佛教的發展源流全貌，揭示漢傳佛教源遠流長及豐厚的底蘊與優勢。並釐清漢傳佛教在近代如何被誤讀，如寶珠蒙塵。

《漢傳佛教與人類未來》一書，在中國佛教會淨耀大和的指導下，由學術委員會企畫執行，全佛文化出版發行。企盼本書的出版，吹響漢傳佛教中興的號角，在人間發展最關鍵的時刻裡，作為覺性的火炬，照亮人類幸福、覺悟的康莊大道！

佛法的源流，始於佛陀在菩提樹下成證大覺。
圖為佛陀成道聖地印度菩提伽耶摩訶菩提寺的佛陀。

作者序

祈佛法之慧炬照亮人類未來

從二千五百年前，佛陀於菩提樹下成證大覺，為人間開啟光明覺悟的希望，佛陀的教法，讓我們解脫生命的根本煩惱，不再受到無明的貪、瞋、痴三毒所驅使，離苦得樂，圓滿究竟的大覺，解脫自在。

人類是六道眾生的造業主體，居於向上昇華和向下沉淪的樞紐。人造善業則受生於天上享用福報，造惡業則淪落畜生、餓鬼、地獄三惡道受苦。而無論享樂或受苦，皆為被動的接受果報，但生而為人，卻能有自主性的作為，離苦得樂進而圓證菩提。鑒此，佛法中特別重視以人為本的教化，以人類為法界中覺悟的樞紐。

佛法重視的是人類於人間中的因緣價值，但並非以人類的我執為中心，如是開啟了佛法人間的教化本質。佛教根源於釋迦牟尼佛在菩提樹下的證悟，而佛陀歷經了生、老、病、死的觀察，與六年苦行的磨礪，正展示了一個生命以肉身在人間成道的特質。基此，佛陀更以大智慧昭示我們：「諸佛皆出人間，從不在天上成佛。」

佛陀悟證奧妙的真理後，首先度化了五比丘，形成了最早的僧團，從一個人的覺悟，擴大到群體的覺悟，臻至世間的圓滿覺悟。佛法的傳佈，從流佈的時間來看，可分為原始佛教、部派佛教與大乘佛教（包含密教部分）三個時期的發展，而從流佈的地域來看，則形成了漢傳佛教、南傳佛教與藏傳佛教三大系統。

印度的諸部佛教與大乘佛教經由西域與南方海、陸二路傳入中國，再經由中國傳播至朝鮮半島、日本與越南等地，形成以漢譯經典為根本的漢傳佛教。漢傳佛教融攝諸部，並以大乘佛教為主流，更是形塑具足佛陀大悲精神的大乘佛教的主要力量。

縱觀上述歷史發展的軌跡，漢傳佛教以開闊融攝的精神，不僅是傳承最為久遠，經典最為廣大豐富，其義理開創與修證也最具特色，能含攝不同傳承的精神。因此，以漢傳佛教或為未來世界佛教的基礎底蘊，可謂最符合佛陀的精神教法，亦最符合於現在及未來世界的因緣。

漢傳佛教在清末之後，顯為沒落，但是當太虛大師畢生倡導入世的「人生佛教」，並寫下了：「仰止唯佛陀，完成在人格，人成佛即成，是名真現實」的偈頌，不只彰顯了大乘菩薩的入世精神，更讓我們見識漢傳佛教興復的機會。處於科技日新月異的時代，我們更應體證時空因緣的特質，團結凝聚力量共為人類開啟光明的契機。

中華大學劉維琪校長(右)頒發觀光學院碩士班兼任教授聘書予淨耀法師(左)。

二〇二〇年全球新冠肺炎爆發至今，人間產生了空前的鉅變，全球前所未有地急驟變化著，人心驚慌失措，社會失序紛亂，國際局勢劍拔弩張等亂象，乃至人類在我執無明的貪、瞋、痴三毒驅動下，迅速擴張地破壞生態環保，造成大地反撲，人類承受自身造業的苦果。此時，我們更能警覺體悟佛陀對世間的真知灼見，進而了悟佛法對人類的真實價值。唯有佛教與佛法，方能導引人類走向真正的淨化和平，開啟人類的黃金新世紀。

佛法是世間的明燈，以自覺的智慧指示人生運行的方向，讓我們了悟世間的無常遷變，引導人安身立命，更能與時俱進，掌握時代環境變化的契機，以無比精進的行動力；將可能發生的危機，消泯於未然，而讓創造人類普覺的因緣早日成就。讓個人的自覺、覺悟他人與圓滿淨土，能予以實踐。

緣起法是佛陀核心的教誨之一，而緣起法於現實世界中所展現的，即是對時空因緣的當下體解。二千五百多年來，佛教經過原始佛教、部派佛教到大乘佛教三期的發展，我們更殷勤期待進入第四期「地球佛教」的發展，運用佛法的智慧力、行動力，解決人類的困局，化危機為轉機。

漢傳佛教傳承了佛陀的平等、自由、和合、覺悟的精神，不但八宗共弘，更含納了南傳佛教與藏傳佛教，具有邁向廣大地球佛法時代的深厚底蘊。而中國佛教會居於傳承漢傳佛教的樞紐地位，凝聚世界佛教宗派，齊心一力，協助現前的世界從「人間佛教」，邁向「佛教人間」與「地球佛教」，幫助一切眾生究竟覺悟，從使地球成為清淨的樂土！

淨耀

作者序

漢傳佛教與人類的普覺運動

佛法是人類普遍覺悟的根源，佛教則是推動完全覺悟運動的樞紐。佛法並不屬於任何地方，而是屬於全部的世界，所以任何地域皆可以參與佛法的創悟開覺，而其核心點就是圓滿一切眾生成就無上菩提。

從釋迦牟尼佛以來，歷來的祖師大德，無不積極地參與推動眾生覺悟的運動；這種以人類為中心的覺悟運動，在歷史中有其興衰遷變，而在現代則是匯歸成了人間佛教的運動。人間佛教的運動，使我們更清楚地認知了佛陀的本懷，但是在現在及未來世界中，可以有更深層的發展，使所有的人類與一切的眾生，在修證上能開啟更高的覺悟，並且在世間與出世間的運作上與佛法完全契合。因此，佛教應當不只以適應於人間的現象而展現，更應以促使一切的世間證成佛教的覺悟菩提；因此更應從「人間佛教」演續成「佛教人間」。

佛法是實證生命實相的方法，佛陀的一切教法，都是以自內證的實相為核心，而並非以推理或玄祕來構成。因此，佛法不是繁瑣的推理哲學或神祕的玄學，而是現觀宇宙實相的真諦。佛陀不只教導弟子以正確的見地思惟、修證、生活，並幫助所有的眾生覺悟。所以佛陀從來不會去制約弟子的思想，而是如實地教導弟子以正見、正觀了悟緣起的實相。

因為宇宙實相就是如是的宇宙實相，不會因為任何人而產生變化，甚至佛陀本身也不能改變如是的實相。所以在《如來不思議祕密大乘經》卷十九中說：「若佛出世，若不出世，諸法常住。」因此，佛陀就是一位眾生的導師，他所做的事情，就是教導弟子認識實相，而不是制約弟子的心念；當我們發現宇宙的實相時，必然發現與如來的見解相同，與佛陀一同契入法界的實相。

由於佛陀沒有任何控制弟子與教團的意念，再加上不可思議的寬容慈和，使得佛教迅速和平的發展成國際性的宗教，並且與每一個不同的文化相應結合，成為各具特色的佛教，所以佛法完全沒有地域、文化的限制，而是普覺一切的時空因緣與文明。因此佛法不屬於任何的地域與文化，而是超越一切的。而這正是佛陀鼓勵弟子以各地方言說法的精神，這就是《毗尼母經》卷八中所說：「吾佛法中不與美言為是。但使義理不失，是吾意也。隨諸眾生應與何音而得受悟，應為說之」。

佛法傳入中國，與中國原有的文化思想接觸之後，就以般若實相教法為核心而不斷地演化、發展，形成了特有的漢傳佛教。而在漢傳佛教發展的同時，印度的佛教思想也同樣的繼續發展，並不斷地傳入中國，相互印證，造成持續性的影響。如是佛教再經由中國再傳播到朝鮮、日本、越南，而形成了漢傳佛教一系。

從佛陀到龍樹菩薩一脈相承的特質，正是以緣起中道為核心，而盡攝一切諸法。漢傳佛教的八宗共弘，同時含納了原始、部派、大乘、密法等各時期的教法與經論，展現其特有的一貫性、融攝性、開放性，與原創性。

如是觀察漢傳佛教，總集了佛法中傳承的大流，具備了三大特質：

一、漢傳佛教擁有佛法中最長遠而不間斷的傳承。
二、漢傳佛教擁有世界佛教總集最完整的經論文本。
三、漢傳佛教擁有佛法相續開悟創新的活泉，能適應現在及未來人間的發展。

因此，漢傳佛教可成為未來地球佛教的核心構成，並期望在義理修證與創新上成為開啟地球時代佛教的先導。我們期待著中國佛教會在淨耀大和尚的領導下，領航開創新的佛法紀元！

反觀二千五百年前佛陀在菩提樹下，成就無上菩提，我們看到人類覺悟的莊嚴願景。而以佛心為己心，發起無上的大願，我們將在未來的廣大時空中，依循著佛陀的足跡，開創一切眾生成佛及圓滿地球淨土的道路。如實祈願當地球太空船在浩瀚的宇宙、星系航行時，能將覺性地球的精神貢獻給宇宙法界！

洪啟嵩

史性會談。

覺時代系列講座：「漢傳佛教與人類未來」專題，
邀請中國佛教會理事長淨耀大和尚（左）及中佛會學術委員會主委洪啟嵩禪師（右）

洪啟嵩禪師（右）與中華大學聯合舉行別開生面的「覺中華蘊茶會」，再現蘭亭風華，淨耀大和尚（左）為出席貴賓。

壹、佛法應落實於生命自身

釋淨耀

壹、佛法應落實於生命自身

釋淨耀

各位都有品茶的經驗，單一環境培養出來的茶，風味統一，但若是所有的花草樹木在一起，也就是共生共榮的生態環境所種出來的茶，其味道則會特別不一樣。

所以，自然界裡都是在強調共生共榮的觀念，這才符合佛法講到的「緣起」——凡事都是因緣所起。

佛法對煩惱的觀察

人因為不了解緣起的觀念，所以會落入「自我」的觀念中，這個自我觀念就是「薩迦耶見」（梵 satkāya-drsti），是一種執著自我的觀念，因此衍生了很多的社會問題。佛陀誕生在人間，唯一的目的就是要幫助所有人了解自己，做自己的主人，不要總是跟著自己的煩惱婆娑起舞；希望每一個人都能認清自己的情況之下，走出一條真正自己的路。

佛陀為了幫助我們，他所講的道理，對世間現象的分析，完全是從他的大智慧中所流露出來。他將自己對世間的了解、以及如何了解的方法，告訴了我們。他也告訴我們，到最後如何達到人性的圓滿，也就是成佛。所以佛陀的言教中，有「教法」與「證法」，分為理論與修行這兩個層次。從這樣的道理中，我們了解佛陀的言教是充滿了智慧、充滿了慈悲、充滿了光明，也充滿了溫暖。

可惜的是，佛教在長期流傳中，已經逐漸變質，所以印順導師一直提到他自己因為研究資料的闕失不足，希望透過所謂的「時空隧道」，回歸到佛陀時代，去找尋佛陀原汁原味的教法。佛陀的教法在印度的流傳的過程中，尚且有很多的教法已經失真。何況之後傳到了中國，在中國這一塊土地，更融合了中國文化和生活習慣，所以離佛陀所講的「真諦」就更遙遠了。

佛教傳佈的歷程

這也是身為佛子的我們當行的佛事，我們應該要深入去探討佛陀講的道理。在此我要借重聖嚴長老的研究，我把他研究的一段文字抄錄下來，跟大家分享：在佛滅之後三到四百年左右，因為佛教內部的意見分歧，就分成了兩大派——「上座部」與「大眾部」。年長而保守的這一派是上座部；而新進創新的年輕人就成了大眾部。

上座部後來向南方傳法，傳到錫蘭，就是斯里蘭卡，他們使用印度南方的方言，也就是所謂的巴利文來記錄經典。佛陀當時的社會並不重視曆法跟文字，他們都是口耳相傳的，直到這時才開始有巴利文來記錄經典，這也就是後來巴利語系的佛教。

另外一系大眾部則向北方傳，雖然沒有直接產生大乘的佛教，但是後來大乘佛教的產生都在大眾部弘法的區域誕生，這就是大致上的一個區分。其實從對佛教史蹟的考察中發現，最先傳到緬甸跟錫蘭的應是大乘佛法，但是與當時的時空環境不相應。上座部的佛法是後來才傳到那裡，卻在那邊找到發展的空間，因為法還是要看相應的——根器相應。

大乘佛教的源頭雖是在佛陀的時代，但是佛滅之後，很少受到比丘僧團的重視跟弘揚，這樣的暗流大概隱藏了四、五百年，才因為小乘佛教的分歧，讓大乘佛教有取而代之的時代要求。大乘時期先後有馬鳴、龍樹、無著以及世親等菩薩發揚光大，他們都使用印度古代的文字，以梵文造論立說，所以這就稱為梵文系的佛教。

到了東漢時期，佛法由印度的北方，經過喀什米爾，經過雪山的隘口，傳到了龜茲，也就是目前的新疆，經過天山南路與天山北路傳進了中國，首站來到了河南開封的白馬寺，之後逐漸演變成漢傳佛教。

而在錫蘭南方傳的就是南傳佛教。後來從錫金跟不丹傳到西藏的就形成藏傳佛教。這三系在不同的時空中逐漸形成。

在佛陀入滅之後的第九到第十世紀之間，印度的婆羅門教又逐漸抬頭，佛教受到無情的摧殘，佛教徒為了迎合當時的時空，便採取了婆羅門教「梵天」觀點，融攝混和在大乘佛法當中。其中也混雜了印度民間的信仰與習俗，佛教中的密教此時即應運而生，這就是印度第三時期的佛教。所以從歷史的演變中去看佛教，會發現在不同的時空，為迎合不同的文化，以及在整個大環境中受到不同的影響，因而發展出不同時代的佛教「教法」。

如果能客觀的去認識佛教，至少能開啟我們的眼目，讓我們了解到，一位佛弟子不只是深入一經、一論或一句佛號，或是只親近一個道場、拜一位師父就夠了；我們要了解到佛法所強調的是：「依義不依語」、「依了義不依不了義」。我們要正確的認知佛教，佛教本身的骨幹，講的就是佛、法、僧三寶。能夠認清這個道理之後，才能讓心跟三寶相應。也就是說「眾生皆有佛性」，在這樣的薰陶當中才能夠啟發本有的佛性。佛法的教義本來就是講平等的，沒有高低貴賤的問題。個人的業報都依個人的福德因緣而有所不同，但若從本性上來說，大家都有成佛的可能，是平等的。

三大系佛教的發展

佛教許多的優點被印度教吸收成為發展的養分，但是佛教卻吸收了印度教的信仰，反而變成腐朽衰頹的因素，因此在西元第十世紀末，因為印度教的興起跟回教的入侵，加上當時佛教的僧才不能夠好好發揮，所以在印度的佛教就此慢慢消失滅亡。

西藏的佛教雖然跟中國佛教有關係，但主要是從印度傳進去的。藏傳佛教雖然同屬大乘法，但僅是密宗的一支，初期是由北印度蓮花生大士傳進去。當時西藏的文化落後，主要信仰苯教，因此多神、祕密而又靈驗的密宗——尤其蓮花生大士又是神蹟卓著的高僧——深受藏人的喜歡。

蓮花生大士跟唐代來中國傳授密宗的開元三大士善無畏、金剛智與不空阿闍梨，都是龍智菩薩的門下。蓮花生大士在西藏的教團因為徒眾都是穿著紅色的衣服，所以稱為紅教（寧瑪派）。

但是在中國元末明初時代，紅教的喇嘛們因為生活腐敗，教綱不振，所以有宗喀巴大師起來提倡勵志的清淨生活，也注重顯教的義理研究，大振宗風，德化前藏，因為他們穿的是黃色的衣服，所以稱為黃教（格魯派）。到現在，蒙古、尼泊爾等等地方的密教都是藏系的支流。

所以，佛滅之後的印度佛教可以分成三個時期：第一個時期就是佛滅後到西元三、四百年的「上座部佛教（部派佛教）」時期，現在是以錫蘭作為代表。第二個時期是佛滅後四百年到六百年之間逐漸發展成「顯教大乘」，以今日的中、日等地為代表。第三個時期是佛滅後九百到一千年左右的階段，就發展成「密教大乘」，以現在的西藏為代表。

什麼叫做顯教呢？顯教就是偏重於大乘義理的研究和闡述；密教則偏重於儀軌的運行和咒語的持誦，也特別信仰神祕的加持。換一種方式說，第一期是聲聞化的佛教；第二期是菩薩化的佛教；第三期則是天神化的佛教。演變到現在，我們期待的第四期的佛教應該是「人間化的佛教」。這就是聖嚴長老所研究的一段。讓大家也能夠了解，在這時代的變化過程中，佛教的演化與分類。雖然同樣是佛教，因為受到大環境的影響，在弘化的過程當中，多少會產生一些不同。

漢傳佛教廣大含容的精神

我們知道佛法是東漢時進來中國的，整個佛教在中國最興盛的時代是在隋唐時代，所以在隋唐時代大乘佛法已經開花結果，形成了十三宗。這十三宗就是大乘佛法十一宗，小乘佛法兩宗，包括了俱舍宗、成實宗、三論宗、涅槃宗、地論宗、淨土宗、攝論宗、天台宗、華嚴宗、法相宗、律宗、禪宗、密宗，後來地論宗併入華嚴宗、涅槃宗併入天台宗、攝論宗併入法相宗，就成為大乘的十大宗。俱舍宗跟成實宗是屬於小乘，其他的就是大乘八大宗。

在隋唐的時代，學佛的高僧大德都是一邊翻譯一邊講述，而大寺院大多圍繞在京城的皇宮附近，所以影響的都是當時的高層分子。到唐末至五代十國時，受到政治和大環境的影響，佛教慢慢離開了政治與文化中心，開始走向山野，形成開放的佛教。

這時候盛行的宗派是「禪宗」。禪宗主張自耕自食、不立文字、教外別傳，所以能夠一支獨秀的存在。宋朝之後，禪宗慢慢走下坡，再到明代時，佛教已經相當沒落了。在唐朝還是高僧輩出，到了明代時真正能夠認知的高僧就剩下四大師。到清代時，佛教更沒落，能夠證果開悟的人就越來越少了。當時僧眾的文化水平很低，自己修行都不足，又如何去作度眾化他的工作？

所以從歷史來看，當佛教離佛越來越遠之後，就越來越變質，越來越沒落。本來是重「覺知」的佛教，經過時空的演變，就變成是重「信仰」的佛教，這是非常可惜的。

到了民國初年，還好當時有了楊仁山居士看到此問題。他從《大乘起信論》到《楞嚴經》的研究，開始興學、辦佛學院，把自己的家提供出來，成立了「金陵刻經處」。因為當時的教典幾乎都沒有了，所以他想盡辦法收集經典，開始廣印經典，因為要弘法就必須有工具書。

楊仁山居士本身的作為，是依於佛法的無我無私，他把整個身家財產都奉獻給佛法。他告訴其子女說：你可以住，但是財產不是你的，這是永遠奉獻給佛法事業的。那時候包括太虛大師、歐陽竟無，都是楊仁山居士請去講課的老師，所以在佛法已經沒落到殘喘的階段，出現了楊仁山居士，他把佛法與教界重新整合，是中興佛教很重要的一個人。現在，我們又看到了「楊仁山再現」，那個人是誰？是洪啟嵩居士。

彰顯大乘入世精神的「人間佛教」

太虛大師在當時為什麼會提出「人間佛教」？因為佛教在當時已經相當不堪，就像聖嚴長老曾擔憂僧眾和信徒之間的關係，只剩下有人往生的時候去為亡者誦經、作超渡告別式。佛教本來是以度活人為主，是要讓一切眾生能夠開悟了脫生死，結果當時是活人不懂得佛法，死人才需要為他誦經！太虛大師為了糾正這時期的佛教風氣，他就提出了「人間佛教」。但是這改革的工作，因為太急了，在因緣條件不具足之下，加上當時保守力量的反撲，讓興革工作功虧一簣。所以我們現在回顧歷史，也當有所警示。

太虛大師桃李滿天下，各個都是菁英，包括印順導師、東初法師、慈航菩薩等。他的弟子有研究上座部的教法，也有研究藏傳的思想，印順導師與慈航菩薩則是研究漢傳佛教的理論。從這裡就可以看出大師本身宏觀的智慧，他想要把佛法的三系重新發展起來，但是他在當時的影響力遠不及保守派，所以改革工作無法順利達成。還好還有印順導師，他一生深入經藏，著作等身，立論弘揚佛法。從印順導師到聖嚴長老，兩位在弘揚佛陀的教法中，是能夠把佛法國際化的佼佼者。再來是星雲大師，他透過他所建立的佛光山佛光會系統，善用現代的科技，讓佛法傳播得更廣。雖然漢傳佛教在這時候感覺有曙光乍現的中興氣象，但是未來的整個工作，還是有賴於大家共同的努力。

我認為，再來要接棒的可能就是洪啟嵩老師了。我們認識得很早，從他年輕時我就對他很稱許欣羨，因為他這個人「非常人」，他絕不是泛泛之輩。當然，整個佛教的發展還是要靠大家，而不是靠一個人，但是我們希望能結合，共同來荷擔如來的家業，讓佛陀覺知智慧的教導能夠讓所有的人吸收，讓這個法水能夠常流五大洲，這是我們最大的心願。

我先簡單將佛教演變的歷史告訴大家，讓大家能夠了解，佛法從印度北方出來，經過絲路傳到中國，所以漢傳佛教就是菩薩時代的佛教，也就是智慧的語言。可惜在流佈的過程中變了質，這個質變也是我們要共同承擔的責任。我們要做的是去蕪存菁，是佛法的就保留，不是佛法的就要讓大家認清楚，這個跟佛法沒有關係。

可惜，在這「末法時期」的現代眾生，普遍對真正佛法的更新能力比較薄弱，對真正的教理好像還不是很相應，而似是而非的道理卻讓人家很相應；很多打著佛教名號的新興宗派都興盛，而真正的佛教教理卻不很相應。在這一點上，我們也不要去批評他人，我們不能去怪什麼，只能怪自身的努力不夠，能力不足。我們應該充實自身的能力，應該跟大家廣結善緣。從太虛大師的改革未竟其功讓我們學習到，當因緣聚合形成了根深蒂固的傳統保守觀念時，要一下子去翻轉，一定會有很大的阻力。所以在這方面，希望大家一起努力。

我把漢傳佛教近代的這一段，從楊仁山到印順導師，他們一路的努力簡單做一個報告。清末民初楊仁山居士以宏觀的視野開啟了中國佛教現代化，被譽為「現代佛教之父」，我們可以看到，古有楊仁山居士，今有洪啟嵩老師，洪老師是一個典型的佛法行者。我們希望有更多這樣的人才產生，佛教要興盛要有更多的人才。希望在這樣的一個思想之下，大家一起來努力，我謹此來就教於大家。謝謝大家！

淨耀大和尚與洪啟嵩禪師精彩對談，吹響漢傳佛教中興號角。

洪啟嵩

貳、佛法是法界普覺之道

貳、佛法是法界普覺之道

洪啟嵩

剛剛淨耀大和尚把漢傳佛教的整個緣起跟因緣講得很清楚。其實在聽師父講這些話的時候，讓我心有戚戚焉！因為我曾提過「太虛大師 2.0」，那是從淨耀大和尚身上所體悟的這種覺受。漢傳佛教在這個時代的發展，是一個不可思議的時代，我想我們要跟隨著師父的腳步，我會竭盡一切所能來成就師父所擘劃出來的佛法理想。太虛大師是很了不起的人，等一下有機會的話，我會點出幾點他不可思議的智慧。

佛陀在菩提樹下悟了什麼？

我先講一下我對佛法的理解，這一切的佛法是佛陀在菩提樹下覺悟之後開始的。二五五〇年前，佛陀在菩提樹下悟道了，這是事實也是重點。所以我對佛法作了很簡單的闡述，它不是一個定論，但卻是我個人的感覺。首先，佛法是普覺之道，從這樣的體會，我創造一個英文名詞叫做「BuddhAll」，中文就是「全佛」！佛法是全佛之道，因為佛陀到人間就是希望大家成佛。佛陀「自覺覺他」，這一句我們常講，但要跟後面那一句連在一起，就是「覺行圓滿」——「自覺、覺他、覺行圓滿」，這樣才完整。佛法超越一切又入於一切，佛法是法界實相；而且，佛法不僅是諸佛所有，佛法是法界普覺之道！

這裡我先引幾段話，《華嚴經》〈如來名號品〉：「諸佛子！如來於此四天下中，或名一切義成，或名圓滿月，或名師子吼，或名釋迦牟尼，或名第七仙，或名毘盧遮那，或名瞿曇氏。」從這裡我們可以看到：現今表達佛陀不同體性的稱號，其實指的都是釋迦牟尼佛，其核心特質是相同的，只是演化到後期產生出種種不同的弘法場景與詮解。

再來，我們要定位佛法的核心意旨。我們從《雜阿含經》開始看：「云何緣生法？謂無明、行。若佛出世，若未出世，此法常住。

法住法界，彼如來自所覺知，成等正覺，為人演說，開示顯發。」這裡面全部是菩薩道，這也是佛法的本質；這裡面不是聲聞、緣覺之道，而是究竟的菩薩道。

未來整個人類、整個佛法會碰到很多的困難，這不只是漢傳佛教，而是整個佛法。譬如說，第一、當複製人出現的時候，生命怎麼投胎？中陰怎麼入胎？這是一個大問題，但是大家還沒有覺察如何在教理上去做論述。第二、複製人雖是同體複製，但卻是不同神識的投入，這也是問題。其實這些問題在佛法中可以解決，問題是必須提出論述。

一九九〇年日本人在藍毘尼園大規模挖掘整修時，出了一個錯誤，他們在挖掘佛陀藍毘尼園的佛母廟時，把一個佛足古蹟弄斷了，雖然說因緣法本是無常，但是就考古學的行動而言，是一個大疏失。後來我就此事件衍生出一個思考，如果從佛陀的佛骨舍利或其他舍利抽取DNA，那複製出來的是佛嗎？我本來想要寫一本書叫做《複製佛》，但是現在沒有時間了。我想說的是複製出跟佛一模一樣的人終究不是佛，這不是的，因為佛法是靠自覺，所以跟DNA無關。或許說裡面可能有一點關係，但不是絕對性的關係。

南傳佛教與大乘佛教交會的履痕

再來是南傳佛教，淨耀大和尚講的很清楚。南傳佛教在早期受大乘佛法的影響是很清楚的，但是到現在經典等相關資料都已經佚失了。全世界最偉大的一個寺院，就是印尼的婆羅浮屠，那是根據《方廣大莊嚴經》與《華嚴經》所建造。婆羅浮屠之外，柬埔寨吳哥窟旁邊最偉大的寺院是巴隆寺，那是很重要的大乘佛教的寺院；而在斯里蘭卡找到最大的佛像是五十公尺的大佛像，旁邊有三尊十五公尺的佛像，中間的那一尊是觀世音菩薩。

在泰國，現在是上座部的部派佛教，但是在泰國考古發現五、六世紀時的佛像，很多都是觀世音菩薩像。但是問題來了，因為大乘的經典都被毀，也沒有文件記載，所以現在泰國看到的都是屬於部派佛教，到斯里蘭卡都也是如此。

佛法是什麼？

再來我要講：「佛法是實相」。這不是祕密口訣，佛法是眾生本覺，以成始覺；佛法不落於時間、空間、眾生之中；佛法是實相。所以我引用《大般若波羅蜜多經》：「若佛出世，若不出世，諸法法爾皆入法界無差別相，不由佛說。」這就是我一直想強調的：「所以菩薩心常無亂，恆時安住於一切智智相應作意，如實觀察一切法性都無所有。復持如是所集善根，以無所得而為方便，與諸有情同共迴向一切智智。」

佛法講戒、定、慧三學，戒是「學處」，是「如理的生活」；定是「安住的身心」；慧是「解脫的智慧」。所以從戒到定到慧，也要從慧落回到戒跟定，這三學是一如的。重法即重律，律就是如法的生活。重法與重細微的規矩是有差別的，這也是我們現代佛法傳承中的困難，因為這牽涉到整個佛教史。

所以佛法是什麼？是「自覺、覺他、覺行圓滿」。佛陀是什麼？是創覺者、大覺者、圓覺者，他創新覺悟。法不是佛陀發明的，但是他找到這條路讓我們可依循，是創新的覺路；大覺是廣大的覺悟；圓覺是圓滿眾生的究竟覺悟。就著師父的話說，我也曾碰見很多因緣，有人說他有法超越佛法；也有人說他超越佛陀。這只有一種可能，那不是佛法，他也不是佛陀，也不是菩薩，其實佛法是很清楚的。

剛剛師父引用了聖嚴長老的話，聖嚴法師是我的授業恩師，我在一九七八到七九年間開始傳法教禪，是聖嚴師父的指示。當時我還在大學讀書，沒有聖嚴法師的交代，我怎麼敢出來教呢？沒有聖嚴法師，我對佛法的理解當然是不究竟的，所以很感恩聖嚴師父！

太虛大師講了很重點的話，就是「人成即佛成」，因而提倡「人間佛教」，所以佛教的佛法需要的是覺悟力，而不只是信仰力而已。我們需要一個像佛陀那樣的人，我們每一個人都希望能依止那一個人，所以說虔誠、熱切的信仰是所有宗教所需、所依，但卻不是佛法究竟的依止處，證悟大覺才是佛法的需求與所依。

我期待自己在十年當中能講出最重要的五大論：第一部就是於二〇二〇年秋天開始講授的《大禪定論》，希望大家有因緣來共同參與《大禪定論》。我希望把佛陀跟龍樹以來所有的禪法作一個總集；第二個是《大菩提論》，是以佛陀、龍樹作依歸來成就一切教法；第三是《直顯阿含道究竟勝義》；第四是《解脫清淨道智論》；第五是《開悟大歷史》。

所以佛法是超越一切，非宗教、非國家、非文化，非性別、非種族、非文字；非一切，即一切。我本來要寫一部英文小說《查理斯河畔的佛陀》，故事是佛陀忽然間在印度消失了，二五〇〇年前他在恆河要救一個小孩，結果穿越時空，出現在廿一世紀的查理斯河畔，然後一路到哈佛、到MIT的故事。但因為是英文小說，我寫了廿年都還沒有寫完。故事中有人問佛陀說：「你是印度人嗎？」佛陀回答說：「我來自印度，但一切種族都是無自性的，所以我亦非印度人。」這就是我的佛陀觀。佛法超越一切，非宗教、非國家、非文化，非性別、非種族、非文字；非一切，而入於一切。

總集佛法傳承大流的漢傳佛教

佛法超越一切，但是在不同的時空運作中成就時空因緣法，這時文字的特性就成為「覺」的力量，這就是般若三相：「文字般若」、「觀照般若」與「實相般若」，而且佛陀允許以各種語言在不同時空因緣中的傳法。

文字（包括言語）般若具有三個特質，這也就是我要講的漢傳佛教偉大的地方，他具有語言的準確性、鏡透性與覺動性。真正語言文字的力量，他語意準確、能夠如鏡般透視，並且有完全的覺動性，這個就是佛陀的語言，這個就是龍樹的語言。這在中國的歷史上看得到，鳩摩羅什所翻譯的經論就有這樣的特質，不只是看懂，因為看懂絕對不是重點，是要看懂又能夠透徹了解，並能夠依此而開悟。佛陀跟龍樹是用文字般若讓人理解什麼是法身，進而證入法身；所以鳩摩羅什的貢獻，是以文字的鏡透與覺動，翻譯成了兼具信、達、雅的漢文佛經。

佛陀當初是怎麼講的？佛告比丘：「吾法中不以美言為是，但使義理不失，是吾意也。隨諸眾生應與何音而得受悟，應為說之。」《四分律》中說，佛言：「聽隨國俗言音所解，誦習佛經。聽隨國音誦讀，但不得違失佛意。不聽以佛語作外書語，犯者偷蘭遮。」偷蘭遮就是犯戒。所以聽到師父剛剛講的，佛法的傳播從印度透過陸地的絲綢之路傳到漢地；除此之外佛法也從海上的絲路傳來，所以達摩當時從現在的印度清奈乘船，抵達廣州，到中國傳法。

中國的佛教源自兩個地方，可以說是「印度的爸爸」跟「中央亞細亞的媽媽」生下來的；現在的藏傳佛教已經是後來的，初期藏傳佛教可說是「印度的爸爸」跟「中國的媽媽」生的，這是一個特質。

一、漢傳佛教擁有最長久而無間斷的傳承

中國佛教傳到韓國、日本，到世界各地，到台灣。我一直不斷地

跟大家報告，台灣所產生的佛教太重要了，這是整個佛法的核心，將來也是世界佛法的復興之地，關於這一點我等一下會再稍作說明。之前我曾參訪焦山定慧寺，萬分感念地說：「我來這邊是報恩的。」因為我的師父聖嚴法師及師公東初老和尚都曾在此地，我受了這個法，在這樣短短的時間裡面，把中國佛教所有的教法、漢傳佛教的所有的教法匯集在我身上，所以如今我要回報回去。

在這裡我試圖定位漢傳佛教的特質：「漢傳佛教是總集佛法傳承的大流！」佛法超越一切，但是佛陀所開示、流轉於人間的時空長河中的佛法，漢傳佛教擁有最完整的法身傳承與文字般若。所以剛剛淨耀大和尚講的十三宗跟八宗，就是這樣的一個道理。

這個重要特質，我來做一個說明：為什麼漢傳佛教擁有最悠久而無中斷的傳承？印度佛教一般的說法是誕生於公元前五四四年前，這有一點疑義，因為目前最新的考古成果，在挖掘藍毘尼園佛母廟之後，有一個新的年代推論，認為佛陀出生於公元前七五〇年前，比我們所了知的早了一百多年。

實物史常常是超越文字史，因為文字史會加加減減，每一個傳說都會不同，但是實物史就比較客觀，檢查出多少年就是多少年。這是目前一派的最新說法，雖然至今尚未有定論，因為還有一點疑義。他們從佛母廟裡面的實物檢測找到了資料，為什麼目前還沒有定論？因為一個文化的歷史，還是要看考古證據，證據不夠周全，時間還是會往前推或往後延展。但這不是像現在很多學者，他們把時空座標拉來拉去都是自己想的，只是在書上這樣加來減去做計算，但是因為文字記載本來就不精確，所以只做加減還是一樣不準確。現在很多學者是疑古派，甚至把佛陀的時代拉近到公元前三百年，這是不對的，歷史不能這樣拉來拉去。因為移動一個歷史座標，不能只更動佛陀一個人，是連動到當代一切人物的時間座標。例如，如果把佛陀拉到前面，那麼與佛陀同時代的耆那教創教者大雄呢？耆那教是要一起拉過去的。所以如果旁支的資料沒有完整的話，是不能冒然論定的。現在很多人號稱是學者，其實他們是為了表達他們的特別性而已，所以他們單單移動一個人是不行的。這方面我雖然還沒有定論，但絕對是作了深入的研究。

傳統的說法，認為印度佛教從公元前五四四年到一二〇三年，為什麼是一二〇三年？因為回教馬穆德在一二〇三年毀掉了飛行寺（超戒寺），被認為是佛教的滅亡，所以總共一千七百多年。直到一八九三年安貝卡博士才再開始復興佛教。

以整個佛法而言，南傳佛教也極為重要。這邊有一點修正，阿育王的孩子摩硒陀到錫蘭傳法之後，中南半島的南傳佛教應該是從錫蘭（斯里蘭卡）轉傳過去。斯里蘭卡的佛教史從西元前二四七年到一五〇五年斷了，一五〇五年到一六五八年被葡萄牙殖民，然後又有荷蘭、英國的殖民。這個傳承為什麼會斷掉？這是一個議題，有人會不同意，但是我認為是對的。他們在一五九二年從緬甸請僧人來傳法，在當時復興了佛教，在十八世紀時又請泰國僧人去傳法，所以現在的教派都是從泰國傳回去的。很多人說南傳是原始佛教，到底是「新南傳」還是「舊南傳」？這樣的論點我還是有所保留。現在很多西方的學者會這樣論述，事實上是有意識的在抑制漢傳佛教。

錫蘭佛教目前被視為南傳佛教國家，事實上卻有著大乘佛教的遺跡。唐代的不空和尚，著名的開元三大士之一，偉大的密教大師，他正是錫蘭人。他十四歲到爪哇，拜金剛智為師，並將帶他到中國。在四十幾歲他又回到錫蘭，跟普賢阿闍梨學習完整的密法，當時還貴為國師，地位非常崇高。所以錫蘭當時在五世紀到十世紀間，是大乘佛教的密教盛行之地，只是現在找不到文字史的紀錄。佛法傳播本來是完整的一體，當代的世界往來絕對會留下痕跡，但是因為宗教政策的問題，有些歷史會被抹去。

所以斯里蘭卡的佛教傳承從西元前二四七年到一五〇五年差不多傳了近一千八百年。

越南佛教在西元三世紀前由中國佛教所傳入；韓國佛教則是在西元三七二年由中國傳過去；日本佛教則是西元五五二年從中國傳過去。緬甸佛教應該在佛陀當時就已經傳入，因為經典上記載，佛陀把八根頭髮送給緬甸的商人。據推斷很可能是存放在大金塔。但是當時有佛法傳入嗎？不可知，因為歷史上似乎沒有紀錄。泰國說佛教在西元三世紀就傳入泰國，但是沒有資料可考證，只是書上寫的。泰國是在西元五到六世紀才有資料產生，這期間都是大乘佛教。而中南半島國家經常征戰，國家版圖與疆界都不確定，所以依常見的說法，泰國佛教約在西元十二世紀左右由斯里蘭卡所傳入，十三世紀素可泰王朝並將之訂為國教。

如此綜觀之後，再回頭看中國佛教，從公元六九年到現在已經一千九百多年了，比斯里蘭卡多了一百多年，而且還會不斷傳承下去。漢傳佛教擁有最長遠而無間斷的傳承，這是不爭的事實。

二、漢傳佛教擁有世界佛教總集最完整的文本

其次，漢傳佛教是擁有世界佛教總集最完整的文本。各位！我在此要讚歎太虛大師了不起的宏觀視野，因為他看到了《大智度論》的重要性。《大智度論》在全世界中，只有中國的漢傳佛教有較完整的譯本。整個龍樹的禪法本質跟菩薩禪的核心就在《大智度論》，《大智度論》不僅是論典，它還是一套完整的修法。

龍樹菩薩三傳（龍樹傳提婆，提婆再傳羅睺羅）之後，在印度就慢慢消失了，中間傳到哪裡？傳到中亞細亞。鳩羅摩什原本是學小乘，後來轉學大乘，然後到了中國。我碰到歷史，心裡都會傷痛，

因為鳩摩羅什來到中國已經五十八歲了，他大部分的東西沒有傳下來，他是大禪師、大論師、大譯師，也因為專事翻譯，所以就無法留下更多的東西。中國完整的禪法就是始於鳩摩羅什，尤其是《首楞嚴三昧經》，在僧叡所寫的《關中出禪經序》完整記載這個重要的歷史。所以《大智度論》的文本只有中國所獨有。

當時太虛大師鑑於西藏缺《大智度論》，所以希望法尊法師把它翻成藏文。我們知道法尊法師對藏傳佛教傳到中國作了偉大的貢獻，他翻譯了《菩提道次第廣論》跟《密宗道次第廣論》。在三十幾年前，我把這兩部論作了標點，因為翻譯得實在是聱牙難懂，若標點清楚較容易閱讀。後來才有格魯派大師回來，開始推動此二論，這已經是我把書出版之後隔年的事情了，因此，當年我所做的事，應該是這兩部論最早的標點本，也促進了此二論廣為流佈。

相較於將此二論譯成漢文，其實法尊法師對西藏的佛教貢獻更大，因為他將《大毗婆娑論》由漢文譯成藏文。當時西藏缺了兩本最重要的大論典，一是《大智度論》，二是《大毗婆娑論》。所以西藏認為他們所有的教法宗於龍樹，但是這裡面有些需要探討的問題，因為他們的禪觀方法用的不是龍樹的中觀禪法，而是更貼近於說一切有部唯識的禪觀。當初太虛大師主張要先譯《大智度論》為藏文，因為沒有《大智度論》，就沒有真正的龍樹禪法；但是在西藏來的指導人卻希望先翻譯《大毗婆娑論》。《大毗婆娑論》共兩百卷，我記得當時到河北法尊寺（紀念法尊法師而建的寺院），因為是新建的寺院，所以寺方請我為山門題字。寺方說因為文革時期被藏起來保護著，原先他們一直找不到法尊法師所譯的《大毗婆娑論》二百卷藏譯本，後來總算找到了。這部論太重要了！但是對於藏傳佛教而言，《大智度論》的重要性更是無可擬的，法尊法師當時沒能將之譯成藏文真是太可惜了！

《大毗婆娑論》是說一切有部最重要的論典，但是我們卻發現，南傳的七論中並沒有《大毗婆娑論》。這是因為南傳佛教是單一的「上座赤銅鍱部」所傳，沒有其他部派的論典。而漢傳佛教卻是各部派及大、小諸乘共傳的，因此部類豐富。而《大毗婆娑論》只有漢傳佛教有文本流傳下來，真的是太重要了！所以漢傳佛教擁有最完整的經論殆無疑義。中國佛教的四大譯師，鳩摩羅什、玄奘、真諦、義淨，把佛法經典完整的翻譯成中文，使漢傳佛教中各部派與宗派的文本都是世界上最完整的。

三、漢傳佛教擁有佛法開悟創新的活泉

不僅如此，漢傳佛教還有擁有開悟創新佛法的活泉。二〇〇八年我在大陸作了一個巡迴性的演講，定位了一個議題，就是「印度佛・中華禪」。從社科院、人民大學、清大、上海師大到復旦大學，為

這個題目作了一系列的演講。

中華禪宗把佛法純粹化，而且完全沒有扭曲印度佛教的意旨，然後傳承下來，漢傳佛法的偉大之處就在於此。禪宗初祖達摩祖師在南北朝時來到中國，傳承到唐代六祖惠能大師，在中華大地落地生根，枝繁葉茂。傳續至宋代兩位偉大的禪師：宏智正覺與大慧宗杲，這二位可說是開創中國禪宗思想的最後殿軍。

我們再來看南傳佛教的部派。印順法師非常了不起，他作了相當清楚的分類與解說：部派佛教從「根本上座部」分成「先上座部」跟「分別說部」。

「先上座部」有「犢子部」及「說一切有部」；「分別說部」有「赤銅鍱部」跟「飲光部」、「化地部」、「法藏部」。有一說這些派別都是從泰國傳回去的，都不是傳統的。赤銅鍱部有一個心識的定位，他們提出了「分別識」，此或可說是唯識學的前身。

在世親菩薩所著的《大乘成業論》裡面說：「赤銅鍱部」中建立有分識；「大眾部」的經典名根本識；「化地部」稱為窮生死蘊；「經部」稱為不二蘊。這是心識相應的道理，在覺音論師所造的《清淨道論》有清楚的分析。但是這在現代的泰國引發了一場論爭。當代南傳佛教最偉大的大師佛使尊者，他對有著三世相續的心識，從過去因到現在果的「三世兩重因果」，有著強力的質疑與批判。

有著相續的微細心識存在，這最細心識的存在，佛使尊者認為這並不合乎佛法的緣起與無我觀。而這樣的緣起論說，我認為或許更貼近於佛陀的原論與中觀的論說，且在這裡南北傳佛法的論說，產生了統合的契機。而在南傳佛教的十波羅蜜中的六波羅蜜，跟北傳的六波羅蜜內容是一致的，這就是南傳的菩薩道，因此我看到了是未來佛法再統合發展的新契機。

漢傳佛教中的誤讀

藏傳佛教大師宗喀巴眼中的漢傳佛教是什麼呢？我認為他把傳

說當成事實，因此誤解了漢傳佛教。用現代的說法就是相信假新聞。很多信息原來都混雜不清，以訛傳訛，但只要一攤開來對照研究就很清楚了。

事實上，藏、漢佛教的關係，在元代之前是很和諧的。元朝忽必烈尊薩迦派法王八思巴為帝師，元代是西藏佛教史的重要發展時代。當時因為道教欺凌佛教，以「老子化胡」說，引發了強大的爭論，於是忽必烈舉行佛教與道教的辯論，帝師八思巴也受邀出席評判。在《五燈會元續略》中記載，八思巴聽了中國禪師闡述禪宗要義，讚嘆地說：「此與教中甚深般若無異也！」

宗喀巴大師對中國禪宗的誤解，可以追溯到佛教史上的「桑耶論諍」（西元七九二－七九四年）。當時在西藏的印度僧人，不滿中國禪宗在西藏開始發展，於是由藏王赤松德贊主持，於拉薩桑耶寺舉行一場辯論，由中國禪師摩訶衍與印度僧人蓮花戒展開辯法。

事實上，這是一場極度不平等的辯論。當時，摩訶衍已經九十幾歲，蓮花戒五十歲，把一個九十幾歲的老和尚辯倒有什麼了不起？這是在體力上的不平等。

第二個是工具上的不平等，蓮花戒是屬於中觀自續派的辯論大師，要求用他們的方式辯論，摩訶衍並不知道這種辯論方式，臨時去學習，九十幾歲的老人家臨時怎麼去學習如何辯論，雖然摩訶衍主張佛法不應用辯論來論定的，但是並未被採納。

第三個是政治上的不平等，怎麼說呢？因為在政治上，西藏當時在印度與中國佛教的抉擇上，產生了困難，但最後基於政治上的考量，選擇了印度佛教，這在當時的國家發展上，是最安全有利的，因此整個辯法立場必然傾向印度。然而從新近所發現當時的史料《五部遺教》中，赤松德贊卻被列為禪宗的傳承，和中國禪宗有密切的的關係。蓮花生大士最主要的老師中，其中一位名為師利星哈，又稱吉祥師子，也是漢地的高僧，和北宗禪及五台山的關係極為密切。他在金洲傳授大圓滿法予蓮華生大士（古金洲約在恆河三角洲和緬甸附近）。所以，大圓滿法的一半是來自禪宗的，而且最主要是北宗禪。摩訶衍禪師主要的傳承也是北宗禪。

第四是地位的不平等，摩訶衍雖然是禪宗的傳承，但他並不是中國禪宗裡面最優秀的禪師。因為他是在瓜洲敦煌，當時是屬於中國邊地，而且他是被強迫去西藏的，因為當時瓜洲被土魯蕃（西藏）攻陷，他被強迫到西藏去。他雖然在瓜洲很有名，是邊地有名的禪僧，但不是中國禪宗主流，而蓮花戒卻是印度佛教最重要的傳承者。

表面上看來，摩訶衍的禪法在西藏，由於供養權之爭及政治因素，而不得不從西藏退場。但在事實上，禪法依舊以各種形式，或顯或隱或以變異的狀態，繼續活潑地在藏傳佛法中流佈。而桑耶論諍的勝負論定，現代也有新的論述出現。不過問題並不在誰贏誰輸，而是說藏傳的傳述並不確然如此，新的證據會讓事實越來越清楚。例如《五部遺教》，這部由古日鄔堅林巴（o-rgyan-gling-pa）所掘出的寧瑪派伏藏文獻，其中就收錄許多禪宗的原始素材，讓人感受到依尊於蓮華生大士一系、蘊含著與禪宗合軸的狀態。

我們將歷史攤開來檢視，就會發現一切都很清楚。但是現在很多藏傳佛教徒還是糾纏在過去的偽歷史、偽信息的假新聞，例如宗喀巴大師所批判：禪宗的祖師說睡覺可以成佛、沒有善沒有惡⋯，事實上並非如此，然而這個觀點已經變成了他們的傳承之一。

當他們來到中國之後，有機會接觸中國禪宗，就會知道其中的謬誤，就像八思巴大師和禪宗祖師對話之後，讚嘆禪宗是甚深般若。

南傳與密宗大師眼中的漢傳佛教

我們再看看南傳大師眼中的漢傳佛教。近代偉大的南傳大師阿姜查尊者(Ajahn Chah Subhaddo)，有人問他看過《六祖壇經》嗎？他回答說：「惠能的智慧是敏銳的，初學者不容易體會得到，不過你若遵照我們的方法耐心修習，練習不執著，終究會了解。」另一位南傳大師佛使比丘(Buddhadasa Bhikkhu)，他更親自翻譯《六祖壇經》。

在其所著的《菩提樹的心木》一書中，他四次提到了禪宗。他說：「當佛法傳到中國的時候，當時的中國人智慧很高，立刻就接受了它，並產生了黃檗和惠能的教法，對於心、法、佛、道和空的解釋非常簡潔。他們說，法、佛、道和空都是同樣的東西。這句話太中肯了，不必再多說什麼。」這二位當代最偉大的南傳大師，對漢傳佛教都有著極高的推崇。

關於中國近代的漢傳佛教風貌及重要的人物，三十幾年前我曾主編《當代中國佛教大師文集》，包含了：楊仁山、太虛、歐陽竟無、虛雲、弘一、印光、圓瑛、呂瀓、法尊、慈航等十位當傳續漢傳佛教的大師。今年（二〇二一年）由大塊文化重新出版為《現代佛法十人》共十冊，從中可以看到漢傳佛法如何從飄搖動蕩的大時代，傳續到台灣。

2019 年洪啟嵩禪師於嵩山少林寺主禪，中興達摩祖庭，依禪出教，藉教悟宗。

釋淨耀

叄、佛法的道路：發心、修行、證悟

叁、佛法的道路：發心、修行、證悟

釋淨耀

修學佛法的階段

簡單地說，大家可以想當時舍利弗讀盡了印度所有的書，但是他依然沒有辦法了解生死的問題，所以當他碰到阿說示 Assaji（馬勝比丘）時，看到比丘的威儀就被懾服了，他就問說：「你的老師是誰？」比丘回答說：「我的老師是瞿曇沙門。」舍利弗又問：「他教你們什麼？」比丘回答說：「諸法因緣生，諸法因緣滅，我師大沙門，如是而宣說。」其實這諸法因緣生，諸法因緣滅，就是佛陀的法身偈，道盡了世間的一切現象，人間這受報的過程，都是緣生緣滅的。舍利弗因為有這樣的內涵，聽到這句話，馬上發覺所有書中找不到的答案，竟然在一個偈頌中當下道盡，所以他馬上邀請他的道友目犍連皈依在佛陀的座下。這是第一的「諸法因緣生，諸法因緣滅。」

第二是佛陀在菩提樹下悟到什麼？他悟到的就是「緣起」，或是叫做「緣生」。因為佛陀悟到了緣起、緣生的道理，了解到世間的一切現象都是因緣所生的，這就是佛法的根源。佛法雖然浩瀚，但是佛法的根本教義就是在這個緣生，或叫做緣起。

這樣的道理雖然簡潔清晰，但佛陀隨著眾生不同的根性而說法，慢慢開啟了八萬四千法門，所以我們必須了解佛陀的教法中有「權教」、有「實教」。

實教就是你能夠跟佛陀去交心；權教就是權巧方便。就好像世間的學校教育，有幼稚園，有小學、中學、大學，有碩博士的次第性教育，這是方便。在學佛的過程裡，也是要能夠慢慢、慢慢的去薰陶薰習，去成長。希望透過解說能夠開啟大家的本身眼目，也知道原來佛法教室的浩瀚。不過在這浩瀚當中一定有他根本的道理，我們怎麼樣才能探求這根本道理？還是要一個樓梯、一個樓梯慢慢爬，最後才能夠達到。我借用《華嚴經》的修行次第來說，菩薩有五十二階位，只有後面十二個階位才是聖人，就是十地、等覺以及妙覺才是聖人，十地之前的十信、十住、十迴向，十行，都叫做賢人。這些階位都是我們學佛所當薰習的過程。

法門這樣多，我們應該學哪一門？重點是你跟什麼法門最相應就學什麼法門。我們要懂：「解要廣、行要專。」因為時間有限，我盡量簡述。不管未來你要怎麼樣去傳法，佛法的真諦就是緣起的道理，要能夠了解這緣起的道理。世間的一切現象都是因緣所生，現象都是在因緣的變動當中。所有的物質界都有成、住、壞、空這四種現象，我們的肉體則有生、老、病、死，我們的意念則是生、住、異、滅。從這當中就了解原來世間的一切都是在變化中。了解這道理，就會知道世間的一切現象也都是處在變動中，變動是真實。能瞭解、深刻體會這個道理，我們本身的自我執著（薩迦耶見）、我們的痛苦、我們的生死輪迴就能夠慢慢破除。聽聞佛法的目的、修行的目的，無非破除執著。

《金剛經》講到：「無我相、無人相、無眾生相、無壽者相」，就是要讓我們了解到世間的一切都是因緣所生，也是因緣所滅；有生必有死，這是一種自然的現象。了解世間有生有死的現象，今生今世所有的變化過程，都是上一輩子播的種子，加上自己的條件而形成的。因必須有緣，單因不能成果，但是因會隨著緣的改變而改變，所以我們雖然講因果，因果不是種子一定會變成怎麼樣，因為他隨著不同的緣生而使果報產生變化。了解這道理了，最重要的是把心安住，就是好好去做就對了，好好去修就對了。

從「自覺」、「覺他」到「覺行圓滿」

漢傳佛教延續的使命與任務是什麼呢？很簡單，身為佛陀的弟子，我們的理念是什麼？第一個就是自利自覺。你如何能淨治身心？能夠淨治身心之後，你本身的任務是什麼？是利及有情！這就是佛陀誕生在人間弘法的目的，是要幫助每一個人都能夠了生死，就像洪老師剛剛說的「自覺」、「覺他」，最重要的就是「覺行圓滿」。

那要怎麼樣達到覺行圓滿呢？我們了解佛法之前一定要先聽聞、多聞，然後起修，在聞到修的過程中間還要有一個「思」的過程，「思」就是透過思惟來改變錯誤的觀念；當我們的思想觀念改變之後，身、口的行為就會改變，這也是華嚴經講的：「心為一切行為的主導者」的道理。在修行的路上，修行的宗要有六個字，就是：「發心、修行、證悟」，一定是這樣的次第。

發心會隨著眾生的根性而有不同，一般而言發心有兩種：第一個叫做「發出離心」。出離心就是要趕快了生死，那修什麼？修四聖諦，最後所得到的極果是什麼？阿羅漢。這是自己生死達到了脫，但只是個人自利而已。如果像洪老師這樣想要兼善天下的，那就必須「發菩提心」，就是自覺覺他的心。一切眾生無始劫來跟我們都是互為因緣，我現在看到你就討厭，沒有因緣怎麼會看到他就討厭？你看到他喜歡，是因為過去跟他結了善緣，你就會喜歡啊！所以人們見面時互相喜歡或不喜歡，緣都是很深的，只是要看結的是善緣還是惡緣。但是一天當中最多的是無記的緣，就是沒有好壞的緣；跟我們擦肩而過沒有留下任何印象、沒有好壞叫做無記的緣。

學佛從度化親人開始

所以，緣有善、惡、無記三緣，人人相聚必有緣。緣比較近的就是我們周邊的人，也可能是我們的親人；也有很遙遠的緣，可能遠在西伯利亞或世界的各個角落，如果是你這一輩子碰都碰不到的，那就是遠因的緣。雖然如此，我們都是有緣才會同在這星球上面生存，我們能夠成為地球人，就都是有緣。既然有緣，我們必然要關心，就要發起菩提心。而培養菩提心與慈悲心的過程，就是要度親、中、疏三種人，親人先度化他，然後到周邊的人，再到不認識的人。

如果我們能夠瞭解這個道理，身為佛弟子，自己的觀念要先改變，我們現在很多的觀念變成什麼呢？例如「如果我的子女要信仰什麼或是沒有宗教信仰，我都尊重！」其實這種尊重是很無知的，也有問題。我們應該負起責任，如果真的關心親人，自己都要了生死了，為什麼還要放縱親人在六道中輪迴受苦？為什麼這麼不慈悲呢？如果能夠慈悲，不管是善緣或惡緣，既然能夠成為親人，就應當用心去度化他們。

首先，先生學佛就應該先度老婆，然後兩個人一起度子女。能夠這樣的話，全家一起學佛，就變成是一個佛化家庭，大家一起在菩提道上，一起來成就。如果能這樣做，你就是修六度波羅蜜，福慧雙修具足圓滿，最終就能夠成就佛道。發菩提心其實有很清楚的修行次第，第一步要先學習佛法的概念與觀念，改變本身的行為，然後用適合的觀念與行為來感動家人，度化家人學佛。不是自己學佛之後，還吃不到三把青菜就要爬上天了。如果學佛後，卻讓家人對你產生反感的話是不合適的。我們要先學習隨順家人，才能把握因緣度化家人。就使命上來說，你要先有自己的修持；就任務來說，你要荷擔如來家業，做利及有情的工作，這是我們本身該做的。

有理想、有活力的青年佛教

第四點，未來佛教的國際化，以及對青年的推廣要用什麼樣的方式？就是前面所提的——每一個人都要真正盡到自己的責任。例如，讓家中的子女加入「中華佛教青年會」。青年會與道場不一樣，道場是修行的地方，青年會的重點是接引跟培養，是年輕人的一個舞台。「花會香就會吸引蝴蝶」，我們要懂得蝴蝶喜歡什麼樣的味道，就能夠把蝴蝶引來。有些人也是自稱本身修禪，他每一個活動都能吸引上千上萬的年輕人去學習，為什麼我們不能？我們不能一味批評現在的年輕人沒有善根福德，這是不對的，我們要知己知彼，先了解自己，再了解別人，了解別人再來探討自己。要先迎合他，再度化他，這是佛法的方便智。

如果我們這方面不足，那就表示我們根本就是不成熟，所以這方面還是要靠洪啟嵩老師多加把勁，看如何能影響更多的年輕人。但是要影響年輕人也不能只靠一個人，要靠所有的佛教徒，我們每一個人都應該鼓勵子女參加兒童營隊或青年營隊，甚至是參加佛青組織，如此國內的年輕人能串聯，進而跟國際串聯。佛法本就是要有年輕人的心態，要充滿活力，要有理想。

有次我去淡江大學演講，一個學生來接我，在校園陪著我走路時，雙手抱胸，眼觀鼻，鼻觀心，他是真的非常用功修持……但是你們知道嗎？在校園這樣走的時候，那些擦肩而過的年輕的學子看過來看過去，每一個人都覺得這個學生是不是腦筋壞了？他的舉止，本身就已經把接引同儕的機會完全排斥掉，這樣就可惜了，因為年輕人有年輕人的活力，這個就是我們講菩薩道的四攝法當中的「同事」。

從「人間佛教」邁向「地球佛教」

那怎麼樣能國際化呢？佛教本來是世界三大宗教之一，可惜現在大家都各自為政。我引用了圓宗長老講的一句話：「出家人叫做沙門，就是沙子的門。」沙子的門怎麼團結？沒辦法團結的。所以這個沙子的門要有什麼？要有水。我們很期待洪啟嵩老師當水，能夠把所有的沙子都連結在一起。怎麼來建立年輕人的國際舞台？怎麼樣去串聯？這是我們大家共同的責任。佛陀誕生在人間，是要幫助一切眾生離苦得樂，既然這地球上的人都是有緣人，我們就有責任把佛陀的精神介紹給世界上所有有緣的人，讓他們進而能夠受用佛法。這就是我們本身的使命，也是我們的責任。

這就是為什麼我致力於推動「佛誕國際化」，就是希望全世界都在十二月慶祝耶誕時，也能同樣的在四月慶祝「佛誕」。為什麼全世界的人不能慶祝「佛誕」？不是不能，是事在人為。我們本身有心，我們用對的方法，相信很快就會國際化了。所以在國際化的路程上，我也一直很期望洪啟嵩老師可以從學術的路線來開展。我們也可以從串聯青年的路線、從「佛誕」國際化的路線一起來推動，它是有多管道的。

如果我們本身都不去想不去做，只是滿足於現狀，滿足於傳統佛教的保守觀念，佛教要國際化就是不可能。所以希望所有的有緣人，今天都能夠敲響共同的使命跟責任，讓佛教國際化來利及所有有緣的眾生離苦得樂，這個責任是大家共同的責任，大家就共同的努力吧！因為時間的關係，謹提出以上觀點就教於大家。謝謝大家！

佛文化節

淨耀大和尚一生主修藥師佛法門，並致力於推動「藥師佛文化節」，以藥師佛現世安樂法門廣度眾生。

2020

洪啟嵩

肆、佛法，幫助大家成佛的方法

肆、佛法，幫助大家成佛的方法

洪啟嵩

淨耀大和尚剛剛所講的話，深深地打動我的心。我延續師父的話，繼續來思惟一個修行人跟家人的關係。

佛陀如何度化家人

我想佛陀就是一個偉大的典範，一個修行人不是只讓父母安老，這是一般世間的想法，佛陀不是這樣子的，佛陀的母親摩耶夫人生下悉達多太子（佛陀）後七天往生兜率天，結果他成道後為了感念母恩昇上忉利天為母說法，讓母親悟道。他也幫助他父親悟道。一個修行人要懂得什麼是真正的孝道，就是讓父母悟道，這個才是真正的孝道。大家看那了不起的維摩詰家庭，他的兒子是善思童子，他的女兒是月上女，他家裡面也全都悟道了。

在中國也有龐蘊居士，他們一家也全都示現了這種典範。所以我認為修行人是最幸運、幸福的，能夠信佛，也能夠了知佛法的真實。如何用最大的方便來幫助家人、父母跟兒女、親人跟兄弟姊妹，這是最大的善因善緣跟善果！當然這裡面絕對不是強迫式推銷，我認為我們本身要好好的修行，否則自己的行為跟佛法完全的相悖，要人家信佛，人家會說你就這樣子了，我怎麼可能信！這個是很自然的。

因果三階：堅信因果、接受事實、永不認命

關於佛法的修行，前面淨耀大和尚講了一個核心中的核心，佛法就是緣起法，見緣起就是見佛，沒有其他的了。我剛剛講到的佛使尊者，他對《清淨道論》的批判，引起了很大的紛爭，因為南傳佛

教就是以《清淨道論》為核心，佛使尊者卻偏偏批判此論，所以這個事情鬧得很大。但是他最主要的觀點就是來自緣起法，從緣起法的觀點來做批判。

我們看佛教史，尤其是佛陀當時，心裡面會有很多的感概。我認為兩位尊者的先佛涅槃，造成了佛法重點的偏移，心裡面滿傷感的。這兩位就是舍利弗尊者跟目犍連尊者，這是兩位最偉大的法行者，他們走了，只留下一個阿難孤掌難鳴。所以跟各位報告，開悟的人除了像佛陀這樣圓滿，他們在開悟之前的微細習氣，開悟之後會不會影響他們的說法？因為他們必須依靠這樣的思惟來做為悟道的方便，但是這樣的方法會不會成為將來大覺的障礙？這就是我一向所思惟的。

人類的習慣是，依止「存有」的認知，所以就會產生兩個基本觀念：一個是「微細色」，就是最微細的粒子；還有一個是「微細識」，就是有心識，這也是唯識學最基本的基礎、一個心識相續相聯的一個基礎。「說一切有部」建立這兩個概念；另外就是犢子派執於邪空的「方廣道人」。部派佛教就是這兩個系統，所以龍樹才會抉擇中道，這也就是龍樹菩薩要糾謬的地方。所以講緣起法，緣起就是空性，就是無自性，他不是有也不是沒有，這是很清楚的，語言的自證本是如此。其實龍樹菩薩抉擇的是什麼？就是釋迦牟尼佛的佛法。所以大和尚一再強調緣起法的重要性，就是如是。緣起在什麼時候要觀察？在生活中觀察。

所以我就緣起法提出了「因果三階」的概念：

第一個，修行人絕對是「堅信因果」，因果就是事實，緣起法就是因果，有空就有因果，如果講沒有因果就是否定了空性。但是很多佛教徒卻把因果當成垃圾桶：「這是我的因果，就丟了、沒事了，這是我的業障桶。」不是的，業障跟因果是要處裡的。

第二個是「接受事實」，發生在你身上的就是事實，只有接受事實，才能超越它。

最後一個是最重要的，是「永不認命」。堅信因果的人沒有人是認命的，還未發生的事情永遠有機會改變，事情發生了我們接受它，用這個緣起再繼續精進。

有了對因果的認識，接下來就是「對眾生慈悲」。所有的大乘行人，甚至是佛法行人，對眾生永遠的慈悲、慈心是最重要的。但是很可惜的一點是，我們對自己卻一點都不慈悲！如果對自己不慈悲，怎麼可能對別人慈悲？我們很難原諒自己，高興的時候欺負自己，生氣的時候更欺負自己，永遠跟自己沒完沒了。所以我們要用「慈心觀」善觀自己的身心，要先跟自己和解，然後跟眾生和解。

第三個是在生活中觀照「一切是因緣所生」、「一切是緣起法」，所以要觀察緣起，在生活中歷緣對境，了知因緣所生無自性的道理，從生活中修行，修行就在日常生活中。

漢傳佛教在當代

漢傳佛教在當代世界的發展，可以日本的鈴木大拙禪師和越南的一行禪師二位出家法師為代表。鈴木大拙被稱為「世界的禪者」，他有一本舊著《禪學入門》，時報出版社曾請我寫序。第二位是一行禪師，他在二〇二二年一月於故鄉越南圓寂，享耆壽九十五歲，是位了不起的禪師。現代世界佛教中一行禪師和達賴喇嘛並為雙璧，對現代佛教的世界化產生了極大的影響。

鈴木大拙和一行禪師，他們都是中國禪宗的禪法傳承。不同的是一行禪師就是一個人，一個什麼都沒有的人，卻能跟整個藏傳佛教系統並駕齊驅。其實漢傳佛教很早就傳到美國了，為什麼在美國的發展不如一行禪師或藏傳佛教？這裡有一個問題，因為我們華人遍佈世界，漢傳佛教的法師到哪裡都有信眾供養，都是在華人的地區，不與美國當地作語言、文化的融合。而來自越南的一行禪師和來自西藏的法師們是相同的處境，就是他們沒有廣大的華人信眾供養，所以必須要拼命學英文才能生存；這種困境反而促使他們成功融入西方社會。從這裡我們可以看到，現在好的因緣是過去種的因，卻可能成為障礙未來的因緣，所以我們必須要有更跳脫、更超越的思惟才行。

人世間很多的因緣是不可思議的。大家看我手上拿的這一組錢幣，這是「佛錢」，各位知道唐武宗滅佛，他把佛像拿去做什麼呢？做銅錢。這個就是佛像被熔毀後重新鑄造的錢幣，稱為「佛錢」。這一組成套，套子後面的說明是紀錄熔製的位置，是用哪一個寺院的佛像熔製等等，這裡面有一個應該是白馬寺的。佛教在唐朝的興盛，廣大資源卻也同時成為被覬覦的目標，招致滅佛之難。一枚小小的銅錢，顯現世界的無常。我說人世間無常，但無常就是我們的機會，無常用另外一個態度來講，就是「明天會更好！」我們在淨耀大和尚的領導之下，不只是漢傳佛教，我認為最重要、最了不起的，是大和尚現在努力把世間的佛教整合起來，我們就跟著淨耀大和尚的腳步走！

早年我將《菩提道次第廣論》跟《密宗道次第廣論》首度進行現代化標點，開風氣之先。其實當時更想做一件事，就是把所有的佛經整合成《漢文大藏經》。像高雄元亨寺的吳老擇先生已經把南傳的《大藏經》翻成中文，還有西藏的《藏經》也可以翻成中文。其實有機會的話，把這些整合起來是很好的。

幾十年前我已經寫好編纂大藏經翻譯與整合綱要，但是個人的因緣跟努力不夠，沒有辦法完成。目前我要做的重要事情是前面提到的《五大論》，所以重編大藏經就等未來有因緣再說。我講這個是想說明未來的佛法應該叫做「綜合性的佛法」，在南傳佛教中其實也有菩薩道，他們只是沒有提倡，所以整個佛法是可以整合的。南傳佛教裡有些人甚至比中國人還理解中國的禪宗，所以整合應該沒有問題。有這樣的因緣我們就做，最後讓佛法成為「讓大家成佛的方法」。祈願在淨耀大和尚的領導下，佛法國際化指日可成！

二千五百多年前，佛陀在菩提樹下成證無上大覺，為地球開啟了覺性的光明。在未來的廣大時空中，我們也將依循著佛陀的足跡，幫助一切眾生成佛，圓滿地球成為淨土。在地球進入太空時代的前夕，我們更如實祈願地球的覺性精神，能貢獻給廣大無盡的宇宙法界！

覺悟、圓滿淨土！

金氏世界紀錄世界最大畫作「世紀大佛」面積超過一萬二千平方公尺，
由洪啟嵩禪師歷時十七年完成，為地表最巨大的和平象徵，祈願人間幸福、地球和

漢傳佛教與人類未來

作　者　釋淨耀、洪啟嵩
指導單位　中國佛教會
企劃執行　中國佛教會—學術委員會
發 行 人　龔玲慧
主　編　彭婉甄
編　輯　莊慕嫺、王淳隆
美術編輯　張育甄
出　版　全佛文化事業有限公司　http://www.buddhall.com
訂購專線：(02)2913-2199　傳真專線：(02)2913-3693
發行專線：(02)2219-0898
匯款帳號：3199717004240 合作金庫銀行大坪林分行
戶名：全佛文化事業有限公司
全佛門市：覺性會館．心茶堂/新北市新店區民權路88-3號8樓
門市專線：(02)2219-8189

行銷代理　紅螞蟻圖書有限公司
台北市內湖區舊宗路二段121巷19號（紅螞蟻資訊大樓）
電話：(02)2795-3656　傳真：(02)2795-4100

初版一刷　二〇二二年三月
定　價　新台幣一八〇元
ISBN 978-626-95127-2-0（平裝）

國家圖書館出版品預行編目(CIP)資料

漢傳佛教與人類未來 = Chinese Buddhism and the future of humanity/釋淨耀，洪啟嵩著. -- 初版. -- 新北市：全佛文化事業有限公司，2022.03　面；　公分
ISBN 978-626-95127-2-0(平裝)
1.CST: 佛教 2.CST: 文集

220.7　　111002562

BuddhAll

Published by BuddhAll Cultural Enterprise Co.,Ltd

BuddhAll

BuddhAll.

All is Buddha.

BuddhAll